18, rue Barbès, 92128 Montrouge Cedex

Cette histoire a été publiée précédemment dans le magazine *Les Belles Histoires*

Texte et illustrations de Rémi Courgeon

Dépôt légal : avril 2022 - ISBN : 979-1-0363-2804-6
Imprimé en Europe
Loi n°49-956 du 16 juillet 1949 sur les publications destinées à la jeunesse.

Rémi Courgeon

Mon hamster à roulettes

bayard jeunesse

Pour mon anniversaire,
mon oncle Octave m'a offert un hamster.
Maman a fait un peu la tête, à cause des crottes et tout ça,
mais Papa a dit :
– C'est très bien que Tom s'occupe d'un animal,
ça va le res-pon-sa-bi-li-ser !
Moi, j'étais supercontent.
– C'est un garçon ou une fille ? a demandé Maman.
– Un garçon, mais c'est dur à voir, avec tous ces poils,
a répondu oncle Octave. Il s'appelle Tilbur.
– Tilbur ? C'est bizarre comme nom, a dit Papa.
Moi, ça me plaisait... MON TILBUR À MOI !
C'était le plus bel anniversaire de ma vie.

Comme c'était les vacances,
j'ai eu plein de temps
pour m'occuper de Tilbur.
Je le sortais de sa cage
et je le promenais
dans la poche de mon tee-shirt.
On jouait tous les deux au train.
Une fois, on a même pris
notre bain ensemble.

Puis il a fallu que je retourne à l'école.
Sans Tilbur, les journées étaient longues.
Quand je rentrais, je voyais bien que lui aussi,
il s'ennuyait dans sa petite cage.
Alors, je le sortais pour lui faire prendre un peu l'air.
Mais Papa me disait :
– Si jamais il s'échappe, tu ne le reverras plus.
Il risque de se faire écraser dans la rue
ou manger par un chat.
Pourtant, je sentais bien que mon Tilbur
manquait de liberté.

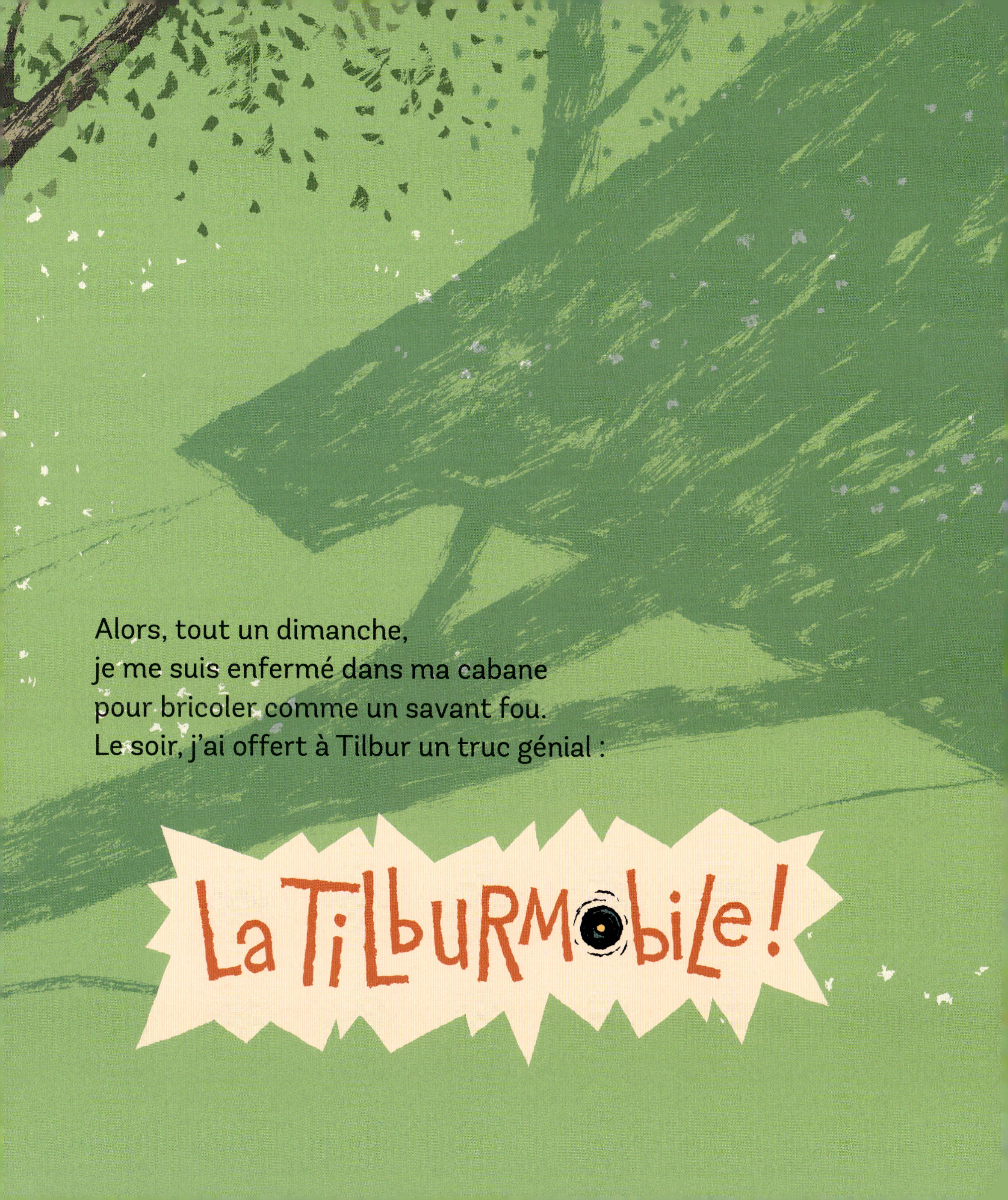

Alors, tout un dimanche,
je me suis enfermé dans ma cabane
pour bricoler comme un savant fou.
Le soir, j'ai offert à Tilbur un truc génial :

La Tilburmobile !

Le principe était simple : Tilbur faisait tourner une roue qui entraînait une courroie qui entraînait des roulettes. Il pouvait maintenant se déplacer tout seul, sans sortir de sa cage.

Tilbur a appris très vite. Il roulait au moins à mille à l'heure ! Papa n'arrêtait pas de râler :

– C'est comme ta voiture télécommandée, on l'a toujours dans les pattes !

Quand j'allais me promener,
Tilbur me suivait comme un petit chien.
Lui et moi, on avait beaucoup de succès.
Un jour, on a même rencontré mon oncle Octave.
En voyant la Tilburmobile, il s'est écrié :
– C'est formidable, ton invention !
Tous les hamsters du monde devraient avoir
une cage comme celle-là !

Mais, un jour que nous revenions de la boulangerie,
je me suis aperçu que Tilbur n'était plus derrière moi.
Disparu !
Paniqué, j'ai rebroussé chemin.
En croisant tout un tas de chiens et de chats,
j'imaginais Tilbur dans leur ventre.
Les voitures ressemblaient à des monstres écraseurs.

Et même le boucher,
d'habitude si gentil,
avait un drôle de sourire.

Au bout de quelques mètres,
j'ai vu une bouche d'égout ouverte.
Et si Tilbur était tombé dedans ?
Au bord du trou, j'ai hurlé :
– Tiiiilbuuuur ! Mon Tiiiilbuuuur !
Mes cris ont été absorbés
par l'obscurité sans fond des égouts.
Je me suis mis à sangloter.
L'eau devait être vraiment froide, tout en bas,
et Tilbur ne savait pas nager sans bouée.

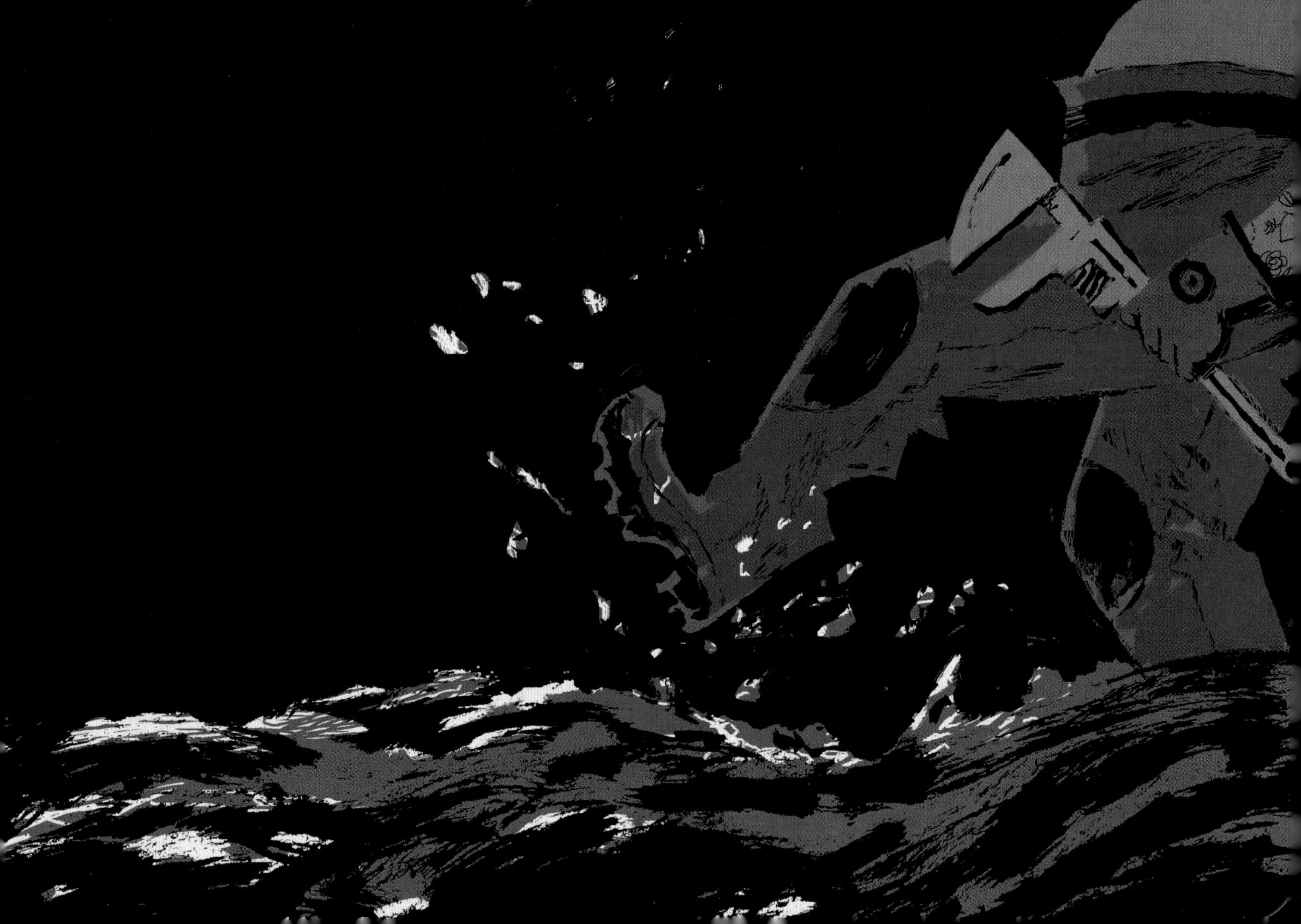

Soudain, j'ai vu sortir un casque
avec une tête dessous,
qui m'a demandé :
– Qu'est-ce qu'il y a, mon bonhomme ?
Tu as perdu quelque chose ?
J'ai gémi :
– Mon hamster est tombé avec sa cage.
L'égoutier a bougonné :
– Ça m'étonnerait.
Je travaille juste en dessous,
et je m'en serais aperçu.
Par contre, j'ai reçu tout ça
sur le crâne depuis ce matin !
Il a étalé devant moi un tas de bazar...
Tilbur n'était pas dedans.
Au bord de mes yeux,
j'ai senti les larmes qui revenaient.
Désespéré, j'ai décidé de rentrer chez moi.

Arrivé à la maison,
je suis allé
me réfugier
dans ma chambre.

Soudain,
le téléphone a sonné.
C'était mon oncle :
– Bonjour,
ici le capitaine Octave
de la compagnie
Air Hamster !
Je vous signale
un atterrissage immédiat
dans votre jardin !

Par la fenêtre,
j'ai vu mon hamster dans sa cage,
suspendu à des ballons.
Très à l'aise,
il pilotait une toute nouvelle version de la Tilburmobile.
Au téléphone, oncle Octave a ri :
– Tilbur est gentiment venu me rendre visite,
alors, lui et moi, on a voulu te faire une surprise.

Je me suis précipité dehors en hurlant de joie :
– MON TILBUR À MOI !

Retrouvez dans la même collection

Les Belles Histoires

Des histoires pour tous les âges !

dès 1 an

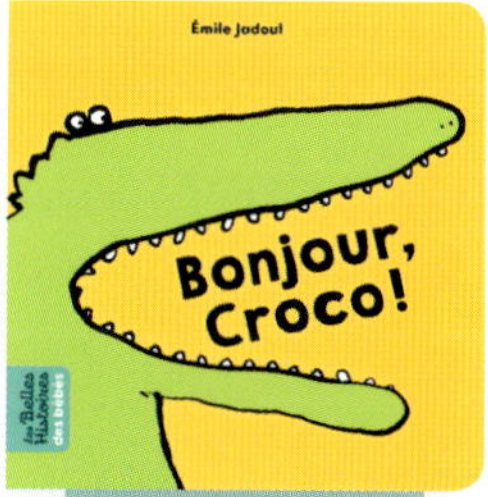

Les Belles Histoires des bébés

dès 2 ans

Les Belles Histoires des petits

dès 3 ans

Les Belles Histoires

Illustration : David Parkins

les belles
histoires

Les histoires qu'on lit petit nous accompagnent toute la vie

Vous avez aimé cette histoire ?
Découvrez-en de nouvelles tous les mois
dans le magazine les belles histoires !

DANS CHAQUE NUMÉRO :

- **Une grande histoire**
pour s'émouvoir, rire, frissonner…
- **Des rendez-vous**
avec des personnages attachants :
Zouk la petite sorcière
et Polo l'aventurier rêveur.
- **Une petite histoire**
pour jouer avec les mots.

Illustration : Nicolas Hubesch

Pour en savoir plus, rendez-vous
sur www.belleshistoires.com